Impressum
Verlag: BABADADA GmbH, Nedderfeld 112 , 22529 Hamburg
Geschäftsführer / Verlagsleitung: Harald Hof
Druck: Books on Demand GmbH, In de Tarpen 42, 22848 Norderstedt

Imprint
Publisher: BABADADA GmbH, Nedderfeld 112 , 22529 Hamburg, Germany
Managing Director / Publishing direction: Harald Hof
Print: Books on Demand GmbH, In de Tarpen 42, 22848 Norderstedt

škola
escola

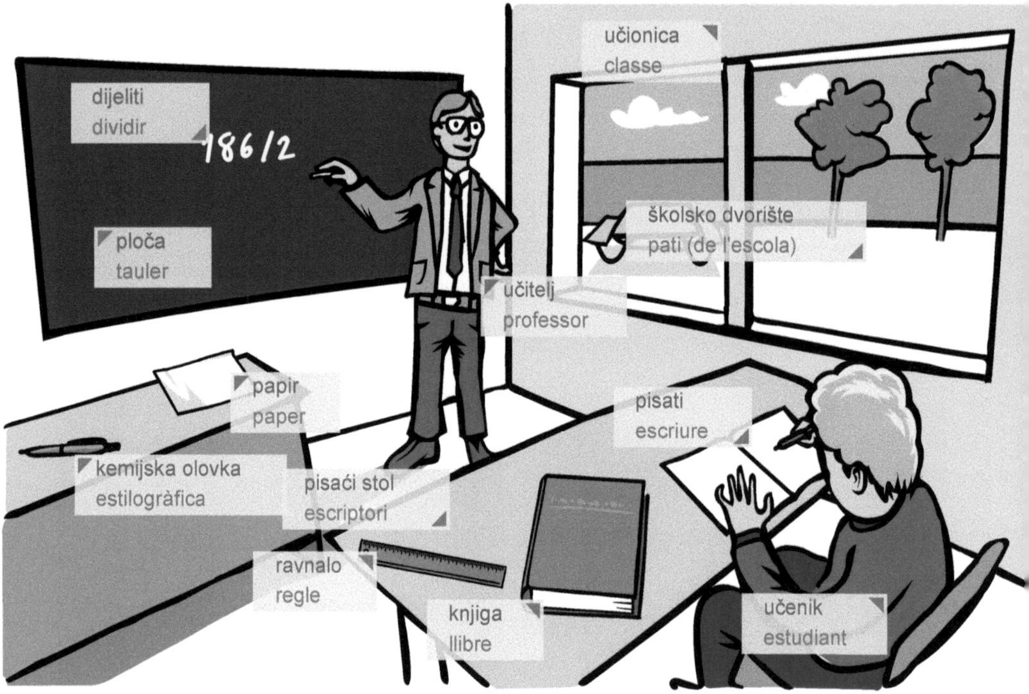

dijeliti
dividir
186/2
ploča
tauler
učionica
classe
školsko dvorište
pati (de l'escola)
učitelj
professor
papir
paper
pisati
escriure
kemijska olovka
estilogràfica
pisaći stol
escriptori
ravnalo
regle
knjiga
llibre
učenik
estudiant

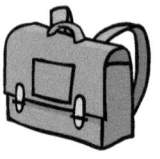

torba
bossa

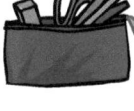

pernica
estoig

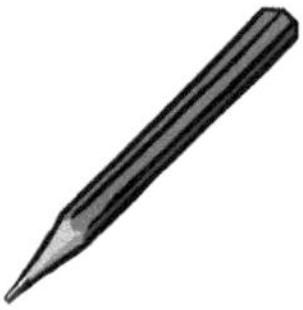

grafitna olovka
llapis

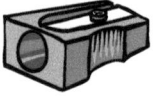

šiljilo za olovke
maquineta de fer punta

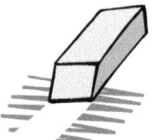

gumica za brisanje
goma

blok za crtanje
bloc de dibuix

crtež
dibuix

kist
pinzell

kutija s bojama
capsa de pintures

makaze
tisores

ljepilo
cola

bilježnica
quadern d'exercicis

domaći zadatak
deures

12

broj
nombre

2+2

sabirati
afegir

5-2

oduzimati
sostreure

2×2

množiti
multiplicar

računati
calcular

slovo
lletra

ABCDEFG
HIJKLMN
OPQRSTU
VWXYZ

abeceda
alfabet

hello

riječ
mot

tekst

text

čitati

llegir

kreda

guix

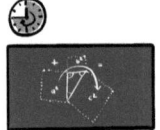

sat

lliçó

dnevnik

llibre de classe

ispit

examen

svjedodžba

certificat

školska uniforma

uniforme escolar

obrazovanje

formació

leksikon

enciclopèdia

sveučilište

universitat

mikroskop

microscopi

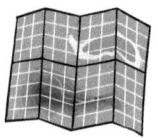

karta

mapa

košara za papir

paperera

putovanje
viatge

hotel
hotel
Grand
prenoćište
alberg
ROOMS
mjenjačnica
oficina de canvi
kofer
maleta
auto
automòbil

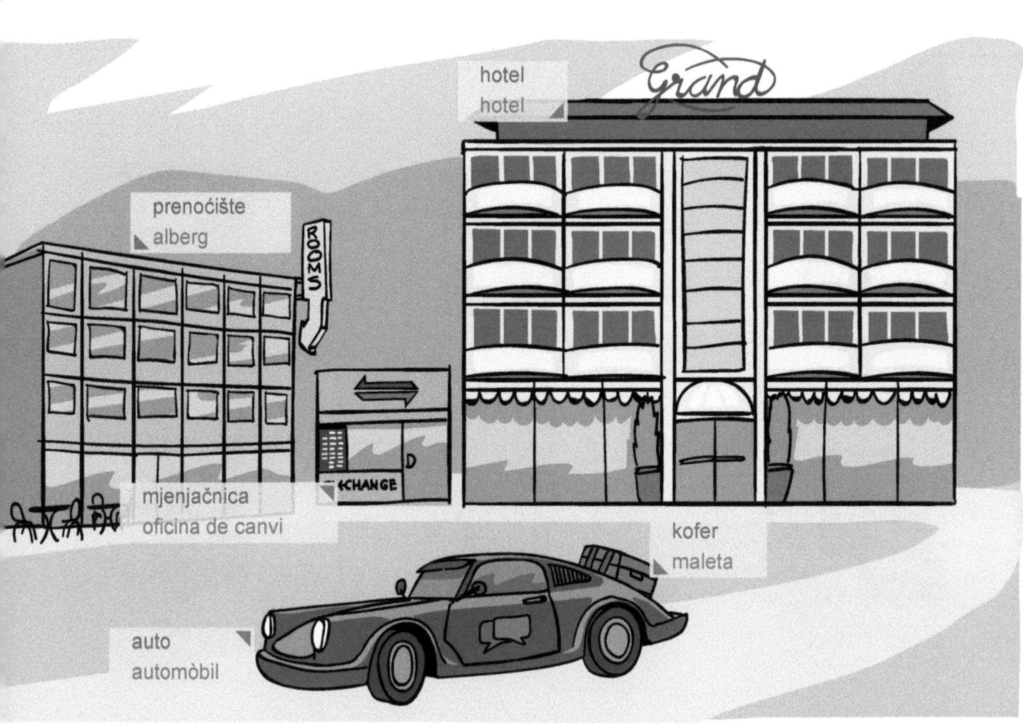

jezik

llengua

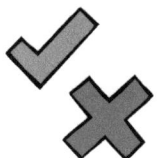

da / ne

sí / no

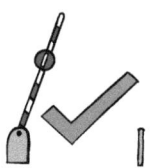

okay

D'acord

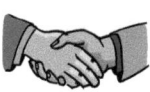

zdravo

Ey!

prevoditelj

traductora

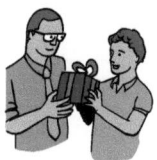

hvala

gràcies

Koliko košta...?

Quant costa... ?

ne razumijem

No entenc

problem

problema

dobro veče!

Bona nit!

Dobro jutro!

bon dia!

Laku noć!

bona nit!

doviđenja

fins aviat

smjer

direcció

prtljaga

bagatge

torba

bossa

ruksak

sarrona

gost

convidat

soba

cambra

vreća za spavanje

sac de dormir

šator

tenda

turističke informacije

oficina de turisme

plaža

platja

kreditna kartica

carta de crèdit

doručak

esmorzar

ručak

dinar

večera

sopar

karta za vožnju

bitllet

dizalo

ascensor

poštanska markica

segell

granica

frontera

carina

duana

ambasada

ambaixada

viza

visat

putovnica

passaport

transport
transport

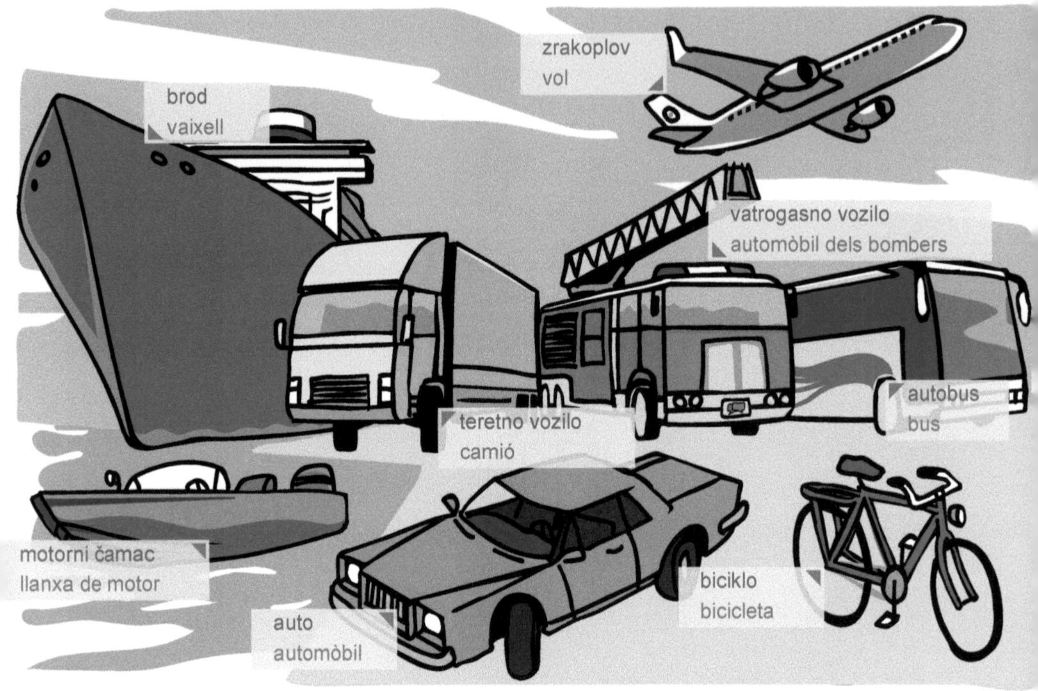
zrakoplov
vol
brod
vaixell
vatrogasno vozilo
automòbil dels bombers
autobus
bus
teretno vozilo
camió
motorni čamac
llanxa de motor
biciklo
bicicleta
auto
automòbil

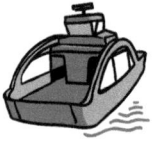

trajekt

transbordador

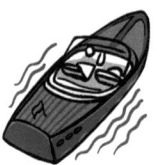

čamac

barca

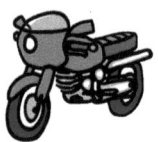

motocikl

moto

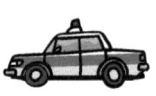

policijski auto

automòbil de policia

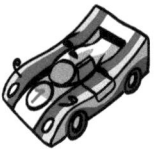

trkaći auto

automòbil de curses

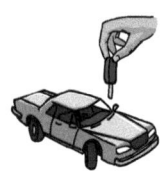

iznajmljeno auto

automòbil de lloguer

dijeljenje automobila

vehicle compartit

vučno vozilo

grua

vozilo za odvoz smeća

camió de les escombraries

motor

motor

benzin

benzina

benzinska postaja

benzineria

prometni znak

senyal de trànsit

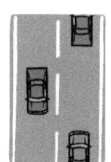

promet

trànsit

zastoj

embús

parkiralište

aparcament

kolodvor

estació de trens

šine

vies

vlak

tren

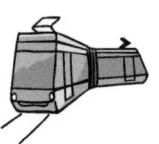

tramvaj

tramvia

vagon

vagó

helikopter
helicòpter

zrakoplovna luka
aeroport

toranj
torre

putnik
passatger

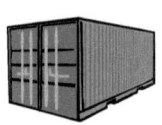

kontejner
contenidor

karton
capsa de cartó

kolica
carretó

košara
cistella

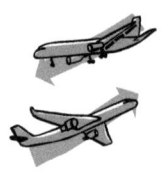

uzletjeti / sletjeti
enlairar-se / aterrar

grad
ciutat

selo
poble

centar grada
centre de la ciutat

kuća
casa

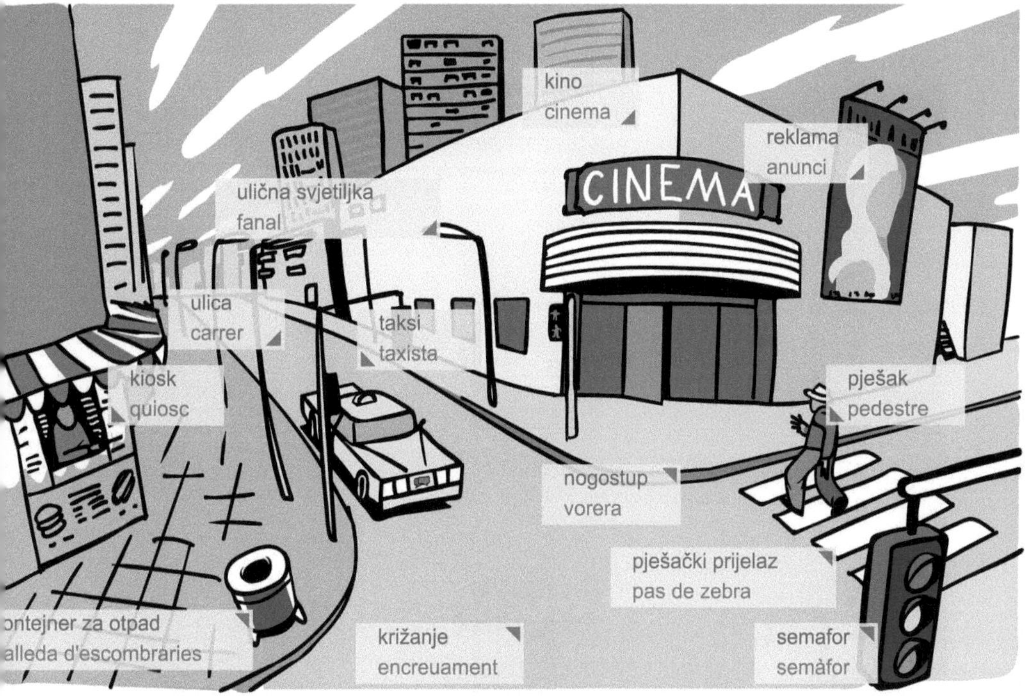

kino
cinema

reklama
anunci

ulična svjetiljka
fanal

CINEMA

ulica
carrer

taksi
taxista

kiosk
quiosc

pješak
pedestre

nogostup
vorera

pješački prijelaz
pas de zebra

ontejner za otpad
alleda d'escombraries

križanje
encreuament

semafor
semàfor

koliba
cabana

stan
apartament

kolodvor
estació de trens

vijećnica
casa de la vila-ciutat

muzej
museu

škola
escola

sveučilište

universitat

banka

banca

bolnica

hospital

hotel

hotel

ljekarna

farmàcia

ured

oficina

knjižara

llibreria

prodavaonica

botiga

cvjećara

floristeria

supermarket

supermercat

trg

mercat

robna kuća

gran magatzem

ribarnica

peixateria

trgovački centar

centre comercial

luka

port

grad - ciutat

park
parc

klupa
banc

most
pont

stepenice
escala

podzemna željeznica
metro

tunel
túnel

autobusna stanica
parada d'autobús

bar
bar

restoran
restaurant

poštansko sanduče
bústia de correu

ulični znak
senyal indicador

parkirni sat
parquímetre

zoološki vrt
zoo

bazen
piscina

džamija
mesquita

seosko gazdinstvo

granja

zagađenje okoliša

pol·lució

groblje

cementiri

crkva

església

igralište

parc infantil

hram

temple

krajolik
paisatge

list
fulla

putokaz
cartell indicador

put
camí

livada
prat

kamen
pedra

drvo
arbre

šetač
excursionista

rijeka
riu

trava
gespa

cvijet
flor

dolina

vall

planina

muntanya

jezero

llac

šuma

bosc

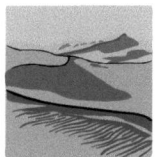

pustinja

desert

vulkan

volcà

dvorac

castell

duga

arc de Sant Martí

gljiva

bolet

palma

palmera

moskito

moscard

muha

mosca

mrav

formiga

pčela

abella

pauk

aranya

buba

escarabat

žaba

granota

vjeverica

esquirol

jež

eriçó

zec

llebre

sova

òliba

ptica

ocell

labud

cigne

divlja svinja

senglar

jelen

cervo

los

ant

nasip

presa

vjetrenjača

turbina

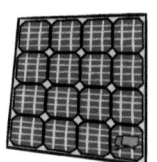

solarna ploča

panell solar

klima

clima

restoran
restaurant

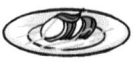

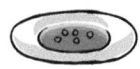

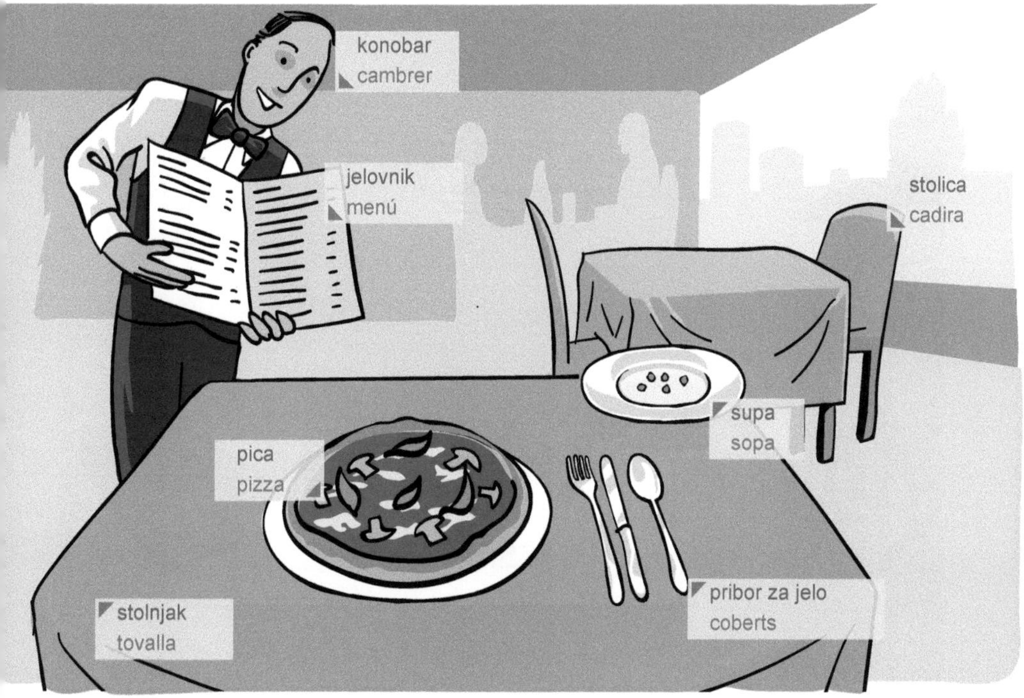

konobar
cambrer
jelovnik
menú
stolica
cadira
supa
sopa
pica
pizza
pribor za jelo
coberts
stolnjak
tovalla

predjelo

primer plat

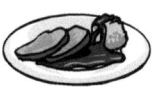

glavno jelo

plat principal

desert

darreries

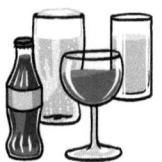

napitci

begudes

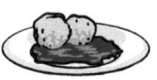

jelo

menjar

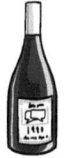

boca

ampolla

fastfood
menjar ràpid

imbis hrana
menjar de carrer

čajnik
tetera

doza za šećer
sucrer

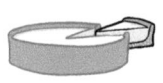

porcija
porció

aparat za espresso
màquina d'espresso

visoka stolica
trona

račun
factura

pladanj
plata

nož
ganivet

vilica
forqueta

žlica
cullera

čajna žlica
cullereta

ubrus
tovalló

čaša
got

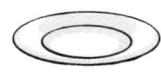

tanjur

plat

tanjur za supu

plat de sopa

tanjurić

plateret

sos

salsa

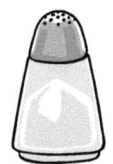

soljenka

saler

mlin za biber

molinet de pebre

ocat

vinagre

ulje

oli

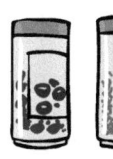

začini

espècies

kečap

quètxup

senf

mostassa

majoneza

maionesa

supermarket

supermercat

ponuda
oferta especial
FOR
kupac
client
mliječni proizvodi
productes lactis
voće
fruites
kolica za kupnju
carret de la compra

BUTCHERS

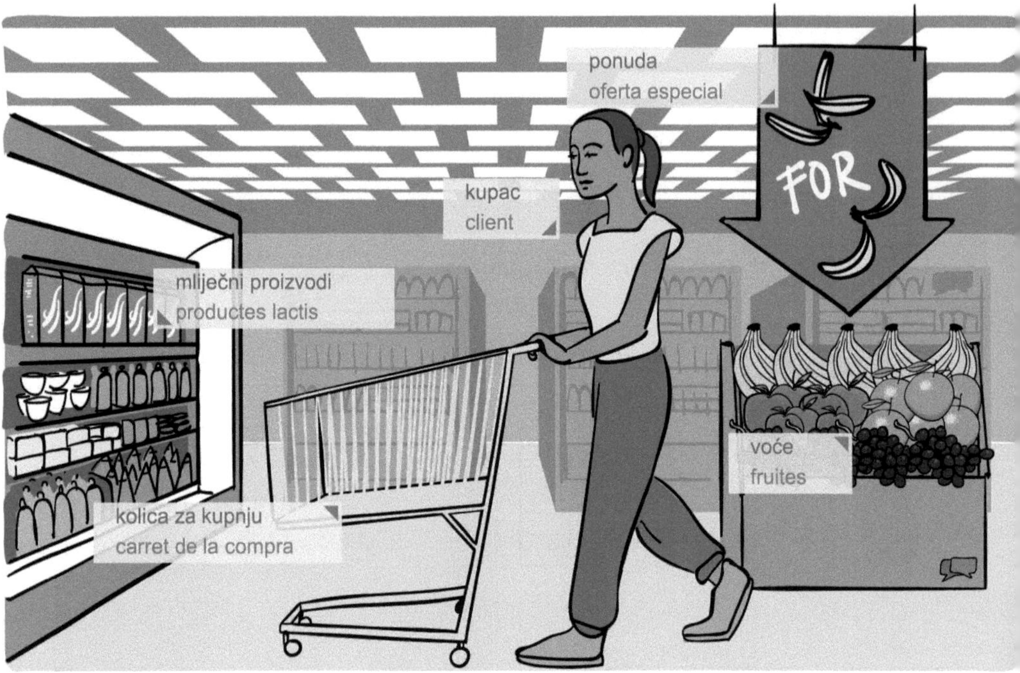

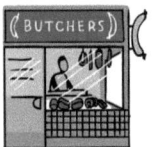

mesnica

carnisseria

BAKERY

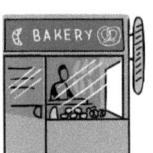

pekarnica

forn de pa

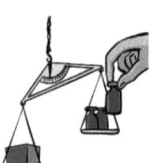

vagati

pesar

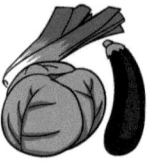

povrće

verdures

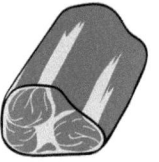

meso

carn

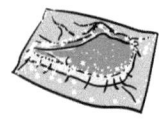

duboko smrznuta hrana

menjar congelat

narezak

carn freda

konzerve

conserves

sredstvo za pranje

detergent en pols

slatkiši

dolços

artikli za domaćinstvo

articles domèstics

sredstva za čišćenje

productes de neteja

prodavačica

venedora

blagajna

caixa registradora

blagajnik

caixera

lista za kupnju

llista de la compra

vrijeme rada

horari d'obertura

novčanik

portamonedes

kreditna kartica

carta de crèdit

torba

bossa

plastična vrećica

bossa de plàstic

voda

aigua

sok

suc

mlijeko

llet

cola

coca-cola

vino

vi

pivo

cervesa

alkohol

alcohol

kakao

cacau

čaj

te

kava

cafè

espresso

espresso

cappuccino

cappuccino

banana

banana

jabuka

poma

naranča

taronja

lubenica

sindria

limun

llimona

mrkva

pastanaga

češnjak

all

bambus

bambú

luk

ceba

gljiva

bolet

orašasti plodovi

avellanes

rezanci

fideus

špagete

espaguetis

riža

arròs

salata

amanida

pomfrit

patates fregides

pečeni krumpir

patates fregides

pica

pizza

hamburger

hamburguesa

sendvič

entrepà

šnicla

escalopa

pršut

cuixot

salama

salami

kobasica

salsitxa

kokoš

pollastre

pečenje

rostit

riba

peix

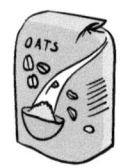

zobene pahuljice

flocs de civada

musli

musli

kukuruzne pahuljice

cereals

brašno

farina

roščić

croissant

pecivo

panet

kruh

pa

toast

torrada

keksi

bescuits

maslac

mantega

svježi sir

mató

kolač

pastís

jaje

ou

jaje na oko

ou fregit

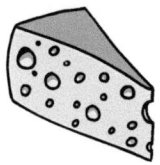

sir

formatge

sladoled
gelat

šećer
sucre

med
mel

marmelada
melmelada

nugat krema
crema de xocolata

curry
curri

seosko gazdinstvo

granja

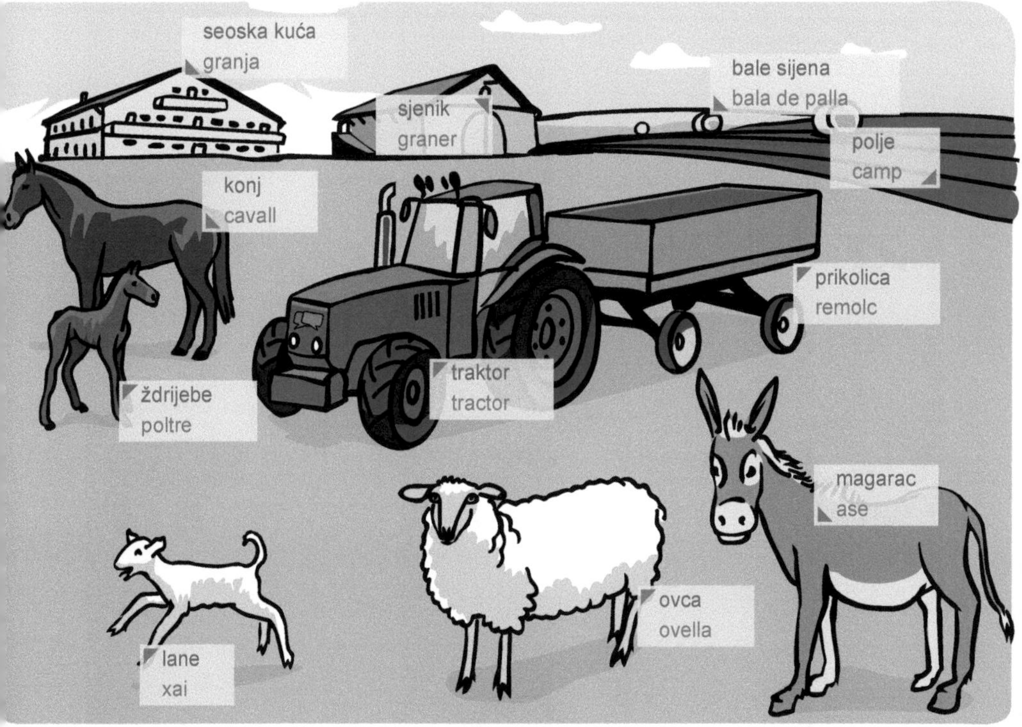

seoska kuća
granja
sjenik
graner
bale sijena
bala de palla
polje
camp
konj
cavall
prikolica
remolc
traktor
tractor
ždrijebe
poltre
magarac
ase
ovca
ovella
lane
xai

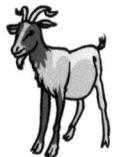

koza

cabra

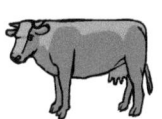

krava

vaca

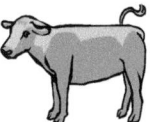

tele

vedella

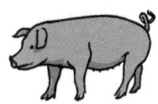

svinja

porc

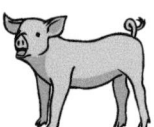

prase

garrí

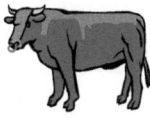

bik

bou

guska
oca

patka
ànec

pilići
poll

kokoš
gall

pijetao
gallina

pacov
rata

mačka
gat

miš
ratolí

vol
bou

pas
gos

kućica za psa
gossera

vrtno crijevo
mànega de regar

kanta za polijevanje
regadora

kosa
dalla

plug
arada

srp

falç

motika

aixada

vilica za gnojivo

forca

sjekira

destral

tačke

carretó

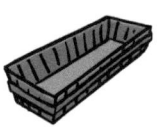

korito

abeurador

posuda za mlijeko

lletera

vreća

sac

ograda

tanca

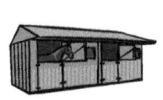

štala

establa

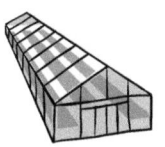

staklenik

hivernacle

zemlja

sòl

sjeme

llavor

gnojivo

adob

kombajn

collidora

žanjati

collir

žetva

collita

yams začin

nyam

pšenica

blat

soja

soja

krumpir

patata

kukuruz

blat de moro o d'indi

uljana repica

colza

voćka

arbre fruiter

gomolj manioke

mandioca

žitarice

cereals

kuća
casa

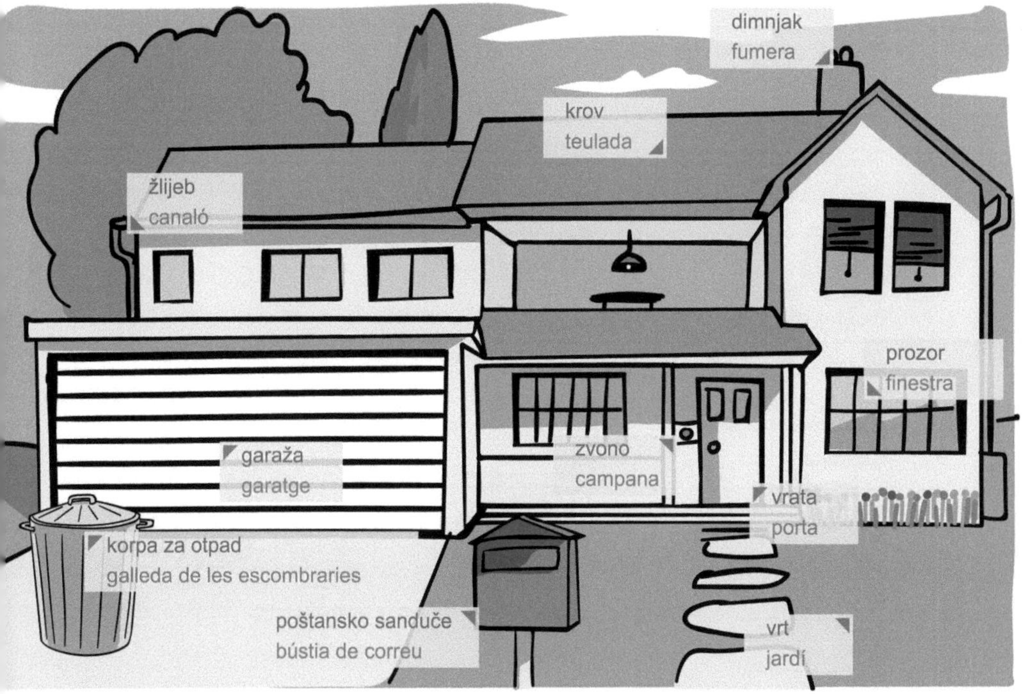

dimnjak
fumera
krov
teulada
žlijeb
canaló
prozor
finestra
zvono
campana
garaža
garatge
vrata
porta
korpa za otpad
galleda de les escombraries
poštansko sandučе
bústia de correu
vrt
jardí

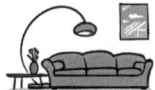

dnevna soba

sala d'estar

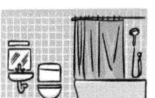

kupaonica

bany

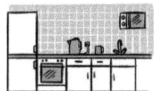

kuhinja

cuina

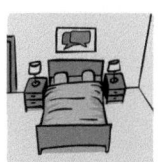

spavaća soba

cambra de dormir

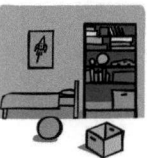

dječija soba

cambra de nen

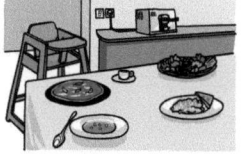

trpezarija

menjador

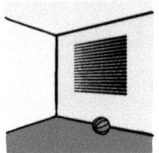

pod
....
sòl

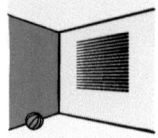

zid
....
paret

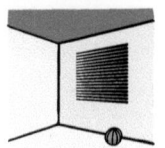

strop
....
sostre

podrum
....
soterrani

sauna
....
sauna

balkon
....
balcó

terasa
....
terrassa

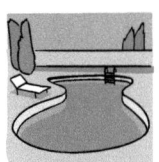

bazen
....
piscina

kosilica za travu
....
tallagespa

posteljina za krevet
....
vànova

deka za krevet
....
cobrellit

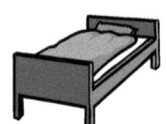

krevet
....
llit

metla
....
escombra

kanta
....
galleda

sklopka
....
interruptor

kuća - casa

dnevna soba
sala d'estar

tapeta
paper de paret
slika
quadre
svjetiljka
làmpada
regal
prestatge
ormar
armari
televizija
televisor
kamin
escalfapanxes
cvijet
flor
jastuk
coixí
kauč
sofà
vaza
gerro
daljinski upravljač
telecomanda

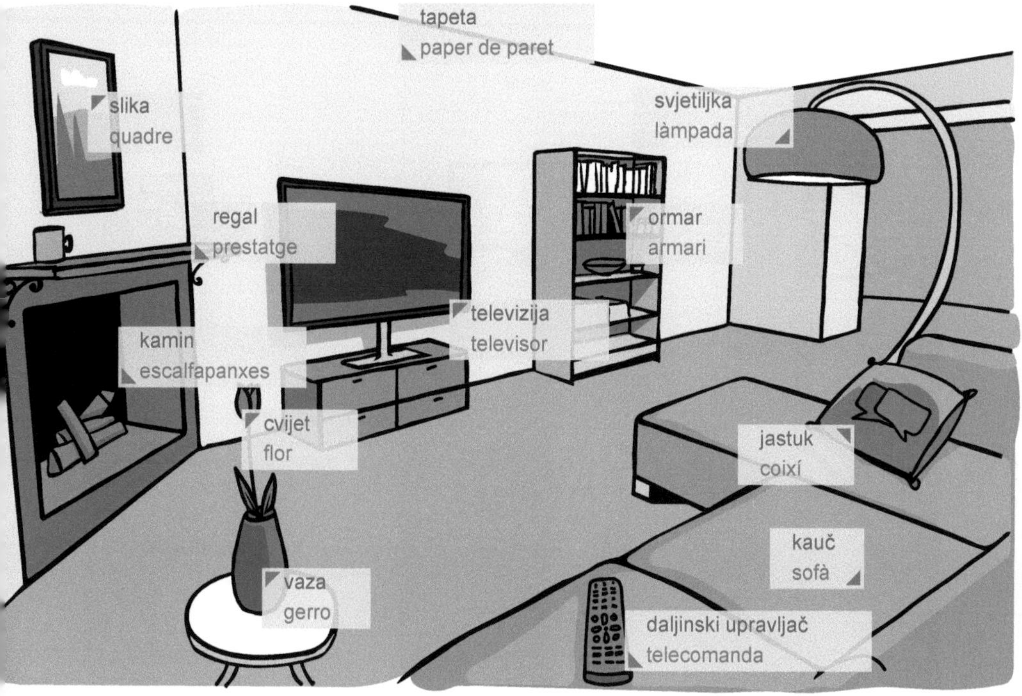

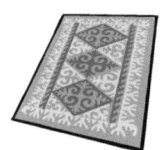

tepih
catifa

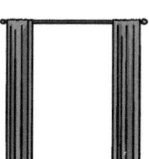

zavjesa
cortina

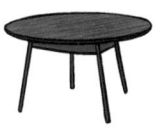

stol
taula

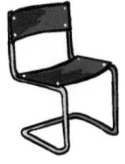

stolica
cadira

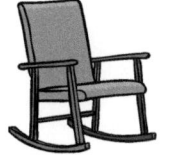

stolica za njihanje
cadira gronxadora

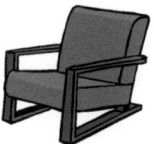

fotelja
cadiral

knjiga
llibre

deka
llençol

dekoracija
decoració

drvo za ogrjev
llenya

film
film

stereo uređaj
cadena de música

ključ
clau

novine
diari

slika na platnu
pintura

poster
cartell

radio
ràdio

blok za pisanje
bloc de notes

usisavač
aspiradora

kaktus
cactus

svijeća
candela

kuhinja
cuina

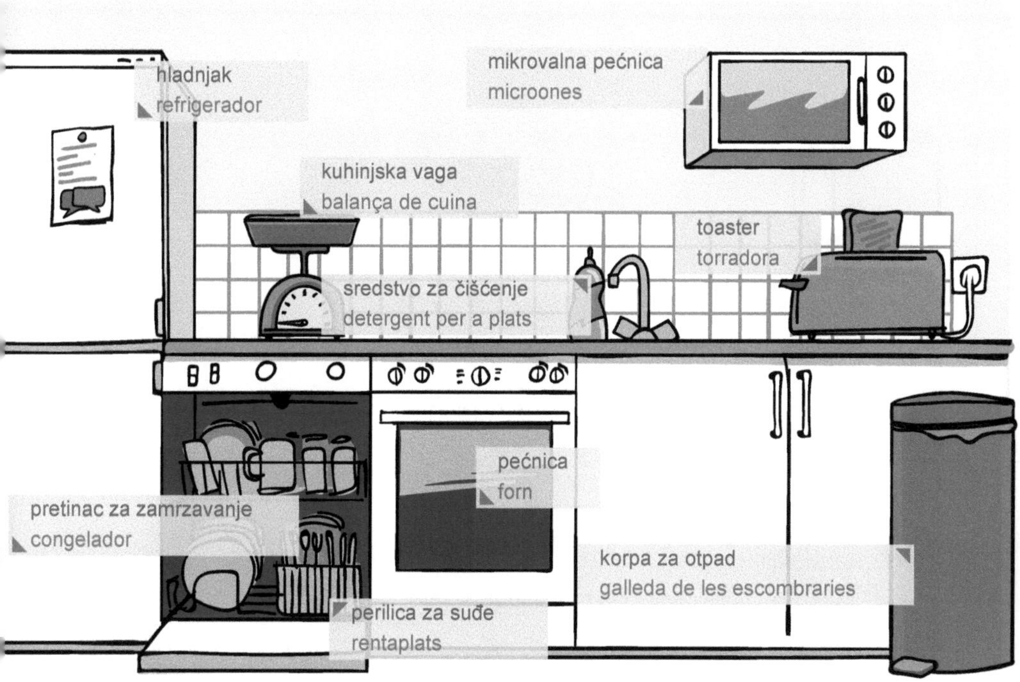
hladnjak
refrigerador
mikrovalna pećnica
microones
kuhinjska vaga
balança de cuina
toaster
torradora
sredstvo za čišćenje
detergent per a plats
pećnica
forn
pretinac za zamrzavanje
congelador
korpa za otpad
galleda de les escombraries
perilica za suđe
rentaplats

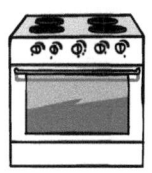

štednjak

cuina de fogons

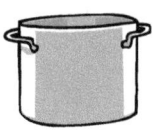

lonac

olla

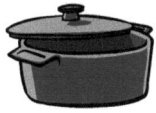

željezni lonac

olla de ferro colat

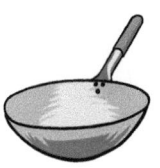

wok / kadai

wok / karahi

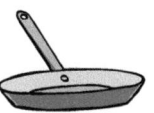

tava

paella

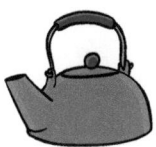

kuhalo za vodu

bullidor

kuhalo na paru

olla de vapor

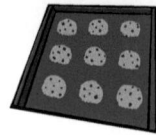

lim za pečenje

plata de forn

posuđe

vaixella

čaša

tassa grossa

zdjela

bol

štapići za jelo

bastonets xinesos

kutljača

culler

lopatica

espàtula

pjenjača

batedor

sito za kuhanje

colador

sito

sedàs

ribež

ratllador

mužar

morter

roštilj

barbacoa

ognjište

foc a terra

daska
taula de tallar

oklagija
corró

vadičep
llevataps

konzerva
pot de conserva

otvarač konzervi
obridor

krpa za lonac
agafador

sudoper
aigüera

četka
raspall

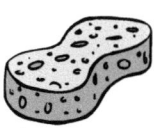

spužva
esponja

mikser
batedora

zamrzivač
congelador

bočica za bebe
biberó

slavina za vodu
aixeta

kuhinja - cuina

kupaonica
bany

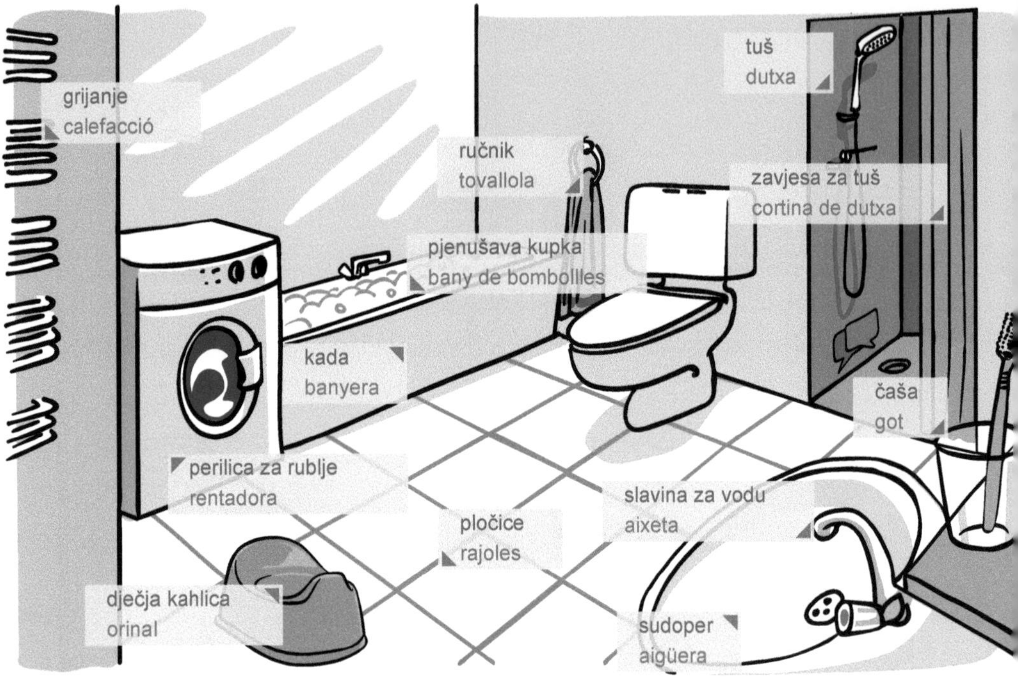

grijanje
calefacció
ručnik
tovallola
tuš
dutxa
zavjesa za tuš
cortina de dutxa
pjenušava kupka
bany de bombolles
kada
banyera
čaša
got
perilica za rublje
rentadora
slavina za vodu
aixeta
pločice
rajoles
dječja kahlica
orinal
sudoper
aigüera

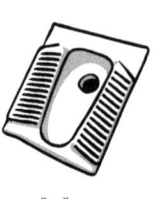

toalet

lavabo

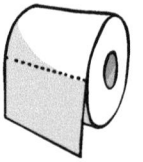

čučavac

lavabo turc

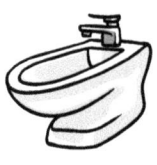

bidet

bidet

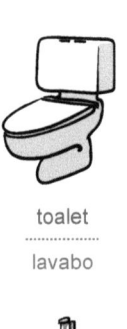

pisoar

orinador

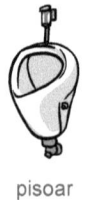

papir za toalet

paper higiènic

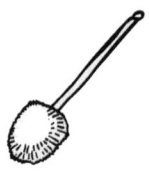

četka za toalet

escombreta de sanitari

četkica za zube

raspall de dents

pasta za zube

pasta de dents

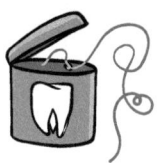

konac za zube

fil dental

prati

rentar

tuš ručica

pom de dutxa

tuš za pranje intimnih dijelova

dutxa íntima

lavor

rentamans

četka za pranje leđa

raspall per a l'esquena

sapun

sabó

gel za tuširanje

gel de dutxa

šampon

xampú

krpa za pranje

manyopla de bany

odvod

bonera

krema

crema

dezodorans

desodorant

ogledalo

mirall

kozmetičko ogledalo

mirall-espill de mà

brijač

maquineta de rasar

pjena za brijanje

espuma de barbejar

losion za poslije brijanja

loció post-rasada

češalj

pinta

četka

raspall

sušilo za kosu

eixugador

sprej za kosu

laca

makeup

maquillatge

ruž za usne

pintallavis

lak za nokte

esmalt d'ungles

vata

cotó

škare za nokte

tallaungles

parfem

perfum

neseser

estoig de bellesa

stolica

tamboret

vaga

bàscula

ogrtač

barnús

rukavice za čišćenje

guants de goma

tampon

compresa higiènica

uložak

compresa

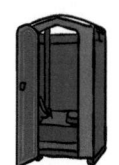

kemijski toalet

sanitari químic

dječija soba

cambra de nen

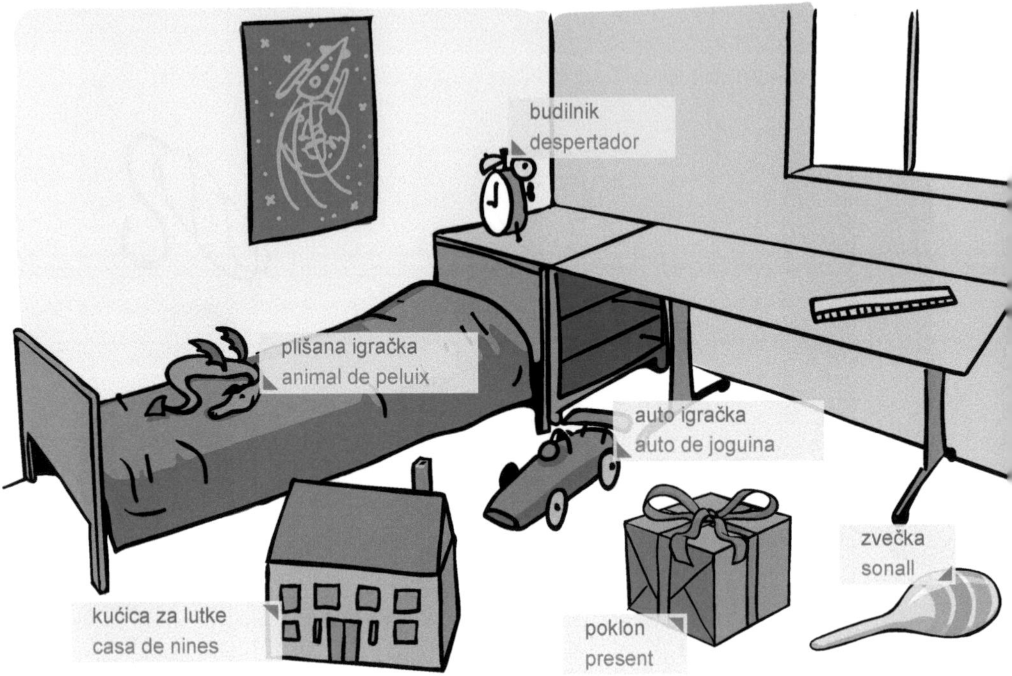

budilnik
despertador
plišana igračka
animal de peluix
auto igračka
auto de joguina
zvečka
sonall
kućica za lutke
casa de nines
poklon
present

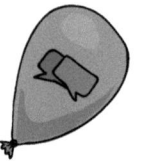

balon
....
baló

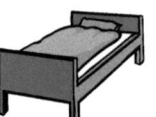

krevet
....
llit

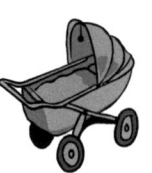

dječija kolica
....
cotxet per a nens

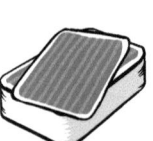

igra s kartama
....
joc de cartes

slagalica
....
trencaclosca

SUPER
MEGA

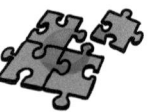

strip
....
historieta

lego kockice

peces de lego

kockice za slaganje

peces de construcció

akcioni junak

ninot d'acció

kombinezon za bebe

granota

frizbi

frisbee

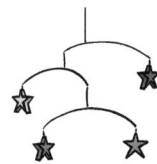

viseće igračke

mòbil per a bressol

društvene igre

joc de taula

kocka

daus

minijaturna željeznica

tren elèctric

duda

xumet

tulum

festa

slikovnica

llibre de dibuixos

lopta

pilota

lutka

nina

igrati

jugar

pješčanik

sorrera

ljuljačka

gronxador

igračka

joguines

konzola za igre

consola de jocs de vídeo

tricikl

tricicle

plišani medo

osset de peluix

ormar

armari

odjeća

roba

kratke čarape

mitjons

čarape

mitges

hulahopke

mitja pantaló

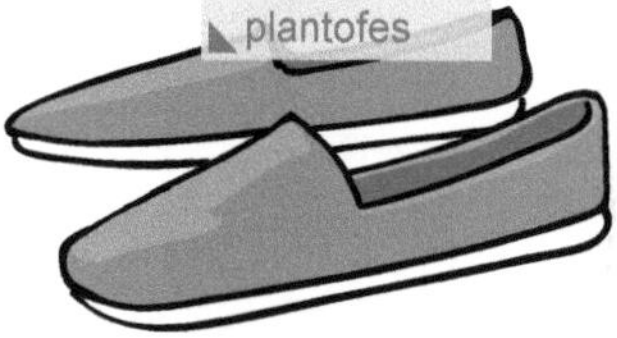

šal
tapacoll

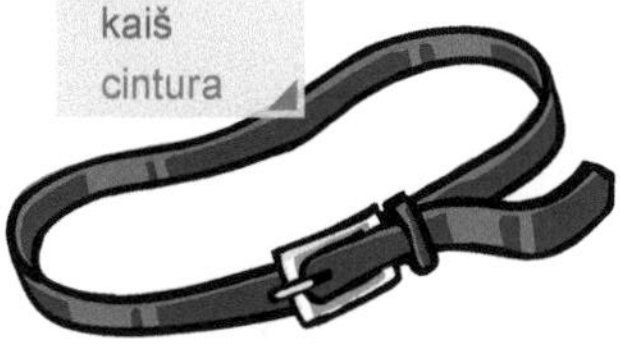

kaiš
cintura

kišobran
paraigua

t-shirt
camiseta

čizme
botes

papuče
plantofes

patike
sabates d'esport

sandale
sandàlies

cipele
sabates

gumene čizme
botes de goma

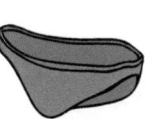
gaćice
calçonets

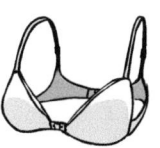
grudnjak
sostenidor

potkošulja
guardapits

bodi

jjustacòs

hlače

pantalons

džins

jeans

haljina

faldeta

bluza

brusa

košulja

camisa

džemper

jersei

pulover s kapuljačom

dessuadora

blejzer

blazer

jakna

jaqueta

kaput

mantell

kabanica

impermeable

kostim

vestit de dona

haljina

vestit de dona

vjenčanica

vestit de núvia

odjeća - roba

odijelo

vestit d'home

spavaćica

camisa de dormir

pidžama

pijama

sari

sari

rubac

mocador de cap

turban

turbant

burka

burca

kaftan

caftan

abaja

abaia

kupaći kostim

vestit de bany

kupaće gaćice

calçon(et)s de bany

kratke hlače

pantalons curts

odjeća za trening

xandall

pregača

davantal

rukavice

guants

gumb

botó

naočale

ulleres

narukvica

braçalet

ogrlica

collaret

prsten

anell

naušnica

orellera

kapa

casquet

vješalica

penjador

šešir

capell

kravata

corbata

patent zatvarač

cremallera

kaciga

casc

naramenice

elàstics

školska uniforma

uniforme escolar

uniforma

uniforme

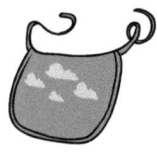

podbradak

pitet

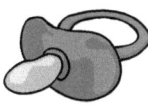

duda

xumet

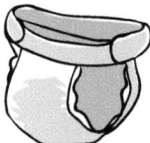

pelena

bolquer

ured

oficina

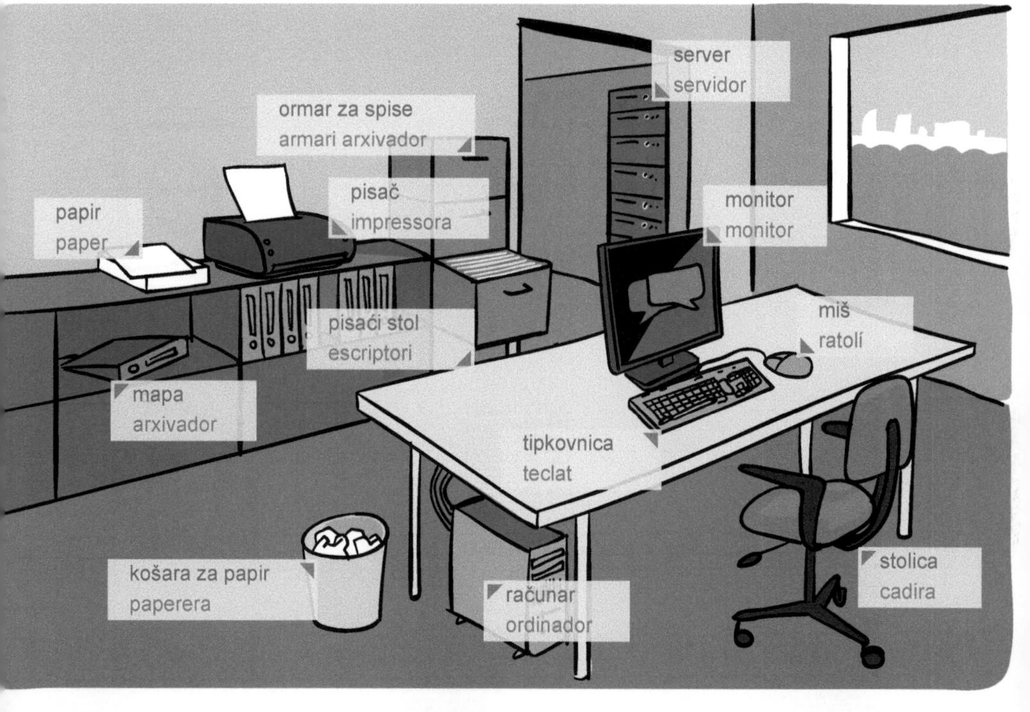

server
servidor
ormar za spise
armari arxivador
pisač
impressora
papir
paper
monitor
monitor
miš
ratolí
pisaći stol
escriptori
mapa
arxivador
tipkovnica
teclat
košara za papir
paperera
računar
ordinador
stolica
cadira

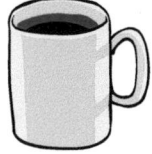

šalica za kavu

tassa de cafè

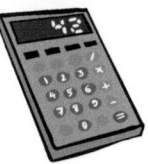

kalkulator

calculadora

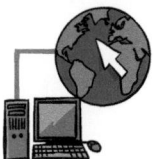

internet

Internet

laptop

ordinador portàtil

pismo

lletra

poruka

missatge

mobilni telefon

mòbil

mreža

xarxa

uređaj za kopiranje

fotocopiadora

softver

programari

telefon

telèfon

utičnica

presa de corrent

faks

fax

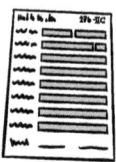

obrazac

formulari

dokument

document

kupovati

comprar

platiti

pagar

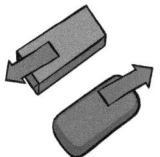

trgovati

comerciar

novac

diners

dolar

dòlar

euro

euro

jen

ien

rubalj

ruble

švicarski franak

franc suís

renmindbi yuan

renminbi

rupija

rupia

automat za novac

caixa automàtica

mjenjačnica

oficina de canvi

zlato

or

srebro

argent

nafta

petroli

energija

energia

cijena

preu

ugovor

contracte

porez

impost

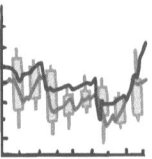

dionica

acció

raditi

treballar

službenik

treballador

poslodavac

empresari

tvornica

fàbrica

prodavaonica

botiga

gospodarstvo - economia

zanimanja
oficis

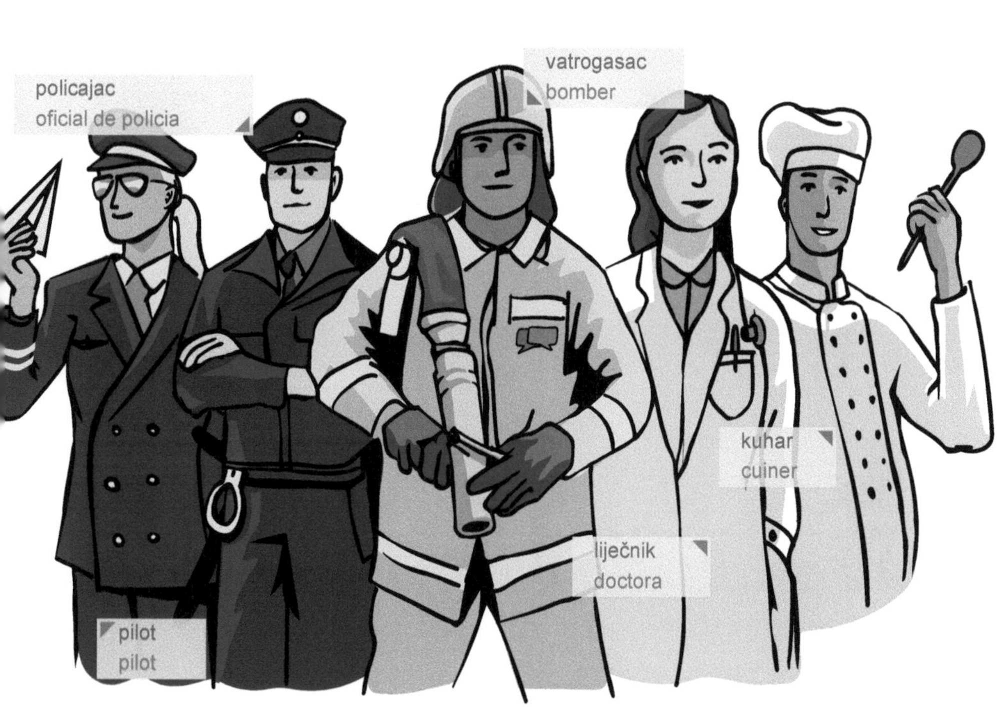

policajac
oficial de policia
vatrogasac
bomber
kuhar
cuiner
liječnik
doctora
pilot
pilot

vrtlar

jardiner

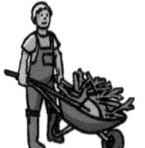

stolar

fuster

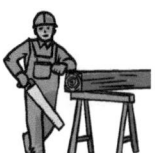

krojačica

costurera

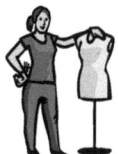

sudija

jutge

kemičar

química

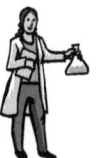

glumac

actor

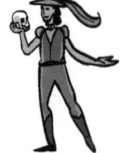

vozač autobusa

conductor d'autobús

vozač taksija

taxista

ribar

pescador

čistačica

dona de la neteja

krovopokrivač

ensostrador

konobar

cambrer

lovac

caçador

slikar

pintor

pekar

forner

električar

electricista

građevinski radnik

obrer de la construcció

inženjer

enginyer

mesar

carnisser

limar

llanterner

poštar

correu

vojnik

soldat

arhitekta

arquitecte

blagajnik

caixera

cvjećar

florista

frizer

perruquer

kondukter

revisor

mehaničar

mecànic

kapetan

capità

zubar

dentista

znanstvenik

científic

rabi

rabí

imam

imam

monah

monjo

svećenik

capellà

alati
eines

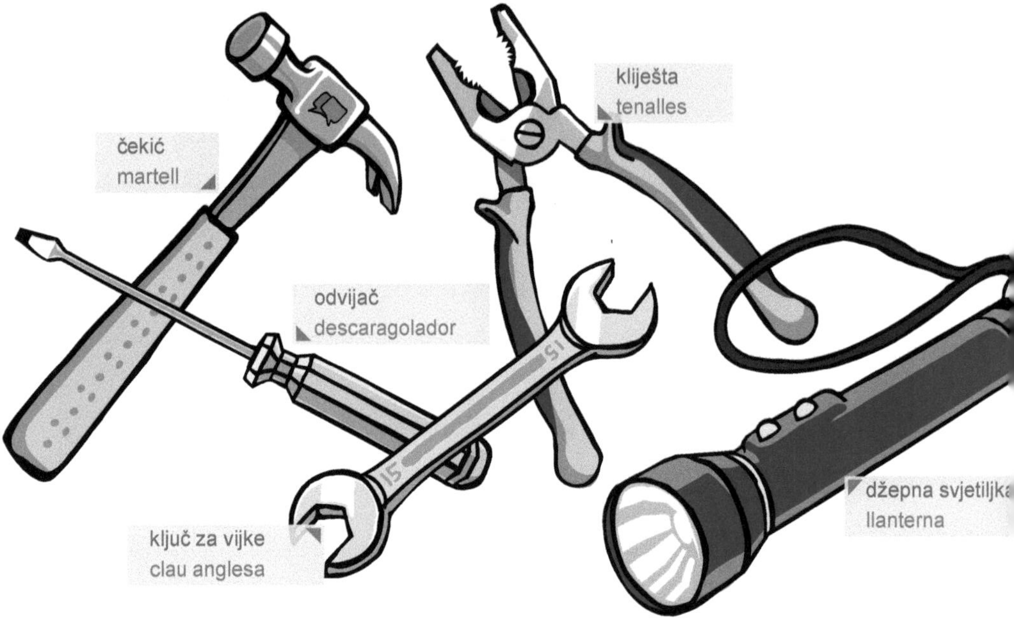
čekić
martell
kliješta
tenalles
odvijač
descaragolador
ključ za vijke
clau anglesa
džepna svjetiljka
llanterna

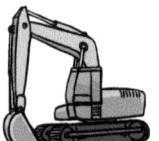

rovokopač

excavadora

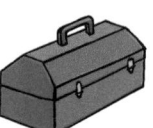

kutija za alat

caixa d'eines

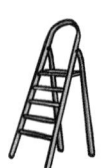

ljestve

escala

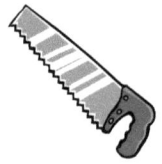

pila

serra

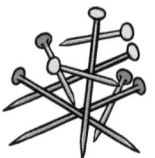

ekser

claus

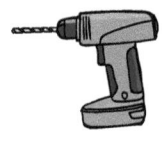

bušilica

trepant

popraviti

reparar

lopata

pala

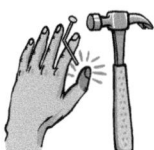

Sranje!

Maleït siga!

lopatica

pala

lonac za boju

pot de pintura

vijci

caragols

glazbeni instrument
instrument de música

zvučnik
altaveu

bubnjevi
bateria

gitara
guitarra

kontrabas
contrabaix

truba
trompeta

klavir

piano

violina

violí

bas

baix

timpani

timbal

udaraljke za bubnjeve

tambor

keyboard

teclat

saksofon

saxofon

flauta

flauta

mikrofon

micròfon

zoološki vrt

zoo

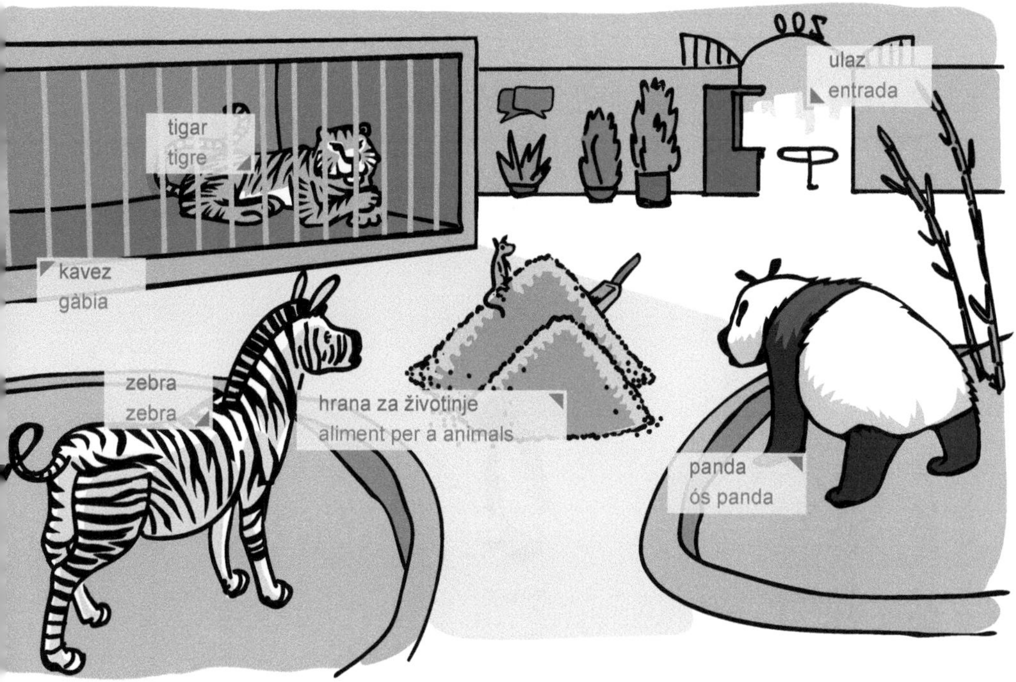

ulaz
entrada
tigar
tigre
kavez
gàbia
zebra
zebra
hrana za životinje
aliment per a animals
panda
ós panda

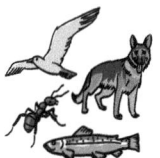

životinje

animals

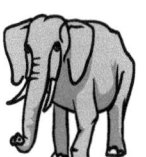

slon

elefant

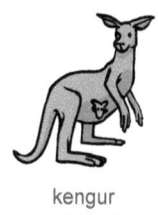

kengur

cangurú

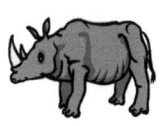

nosorog

rinoceront

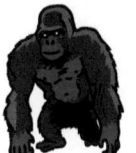

gorila

goril·la

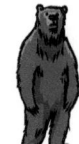

medvjed

ós

kamila

camell

noj

estruç

lav

lleó

majmun

simi

flamingo

flamenc

papagaj

papagai

polarni medvjed

ós polar

pingvin

pingüí

ajkula

ca mari

paun

paó

zmija

serp

krokodil

cocodril

čuvar u zoološkom vrtu

guardià del zoo

tuljan

foca

jaguar

jaguar

poni
poni

leopard
lleopard

nilski konj
hipopòtam

žirafa
girafa

orao
àliga

divlja svinja
senglar

riba
peix

kornjača
tortuga

morž
morsa

lisica
guineu

gazela
gasela

američki nogomet
futbol americà

biciklizam
ciclisme

tenis
tenis

košarka
bàsquet

plivanje
natació

boks
boxa

hockey na ledu
hoquei sobre gel

nogomet
futbol americà

badminton
bàdminton

atletika
atletisme

rukomet
handbol

skijanje
esquí

polo
polo

aktivnosti
activitats

smijati se
riure
skočiti
saltar
zagrliti
abraçar
ići
anar
pjevati
cantar
sanjati
somiar
moliti se
pregar
poljubiti
fer un petó

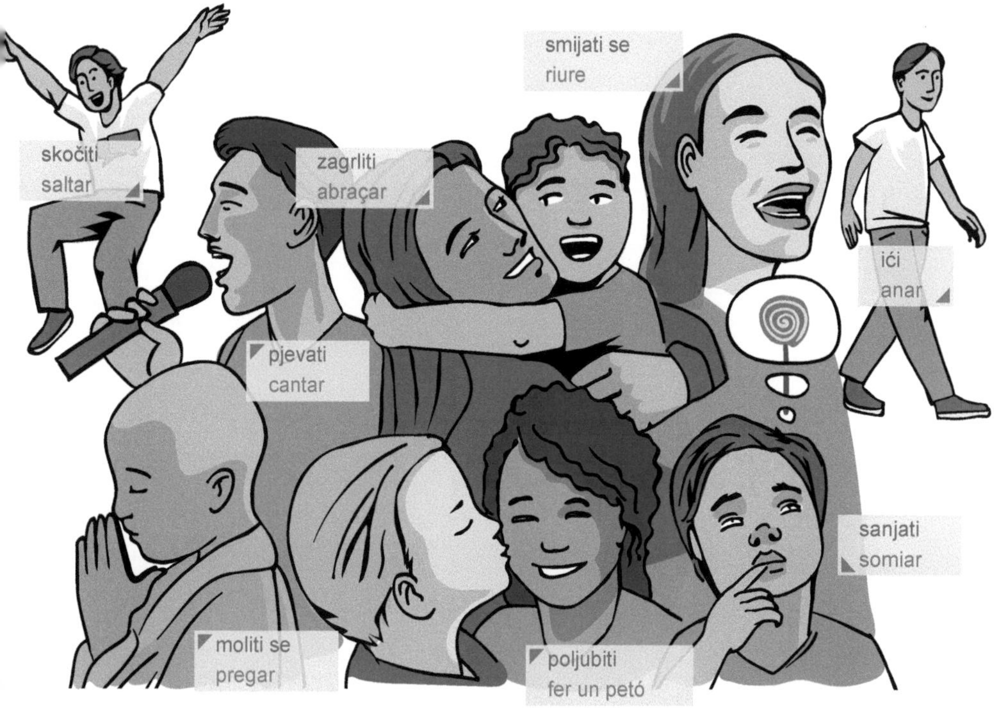

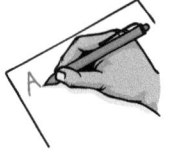

pisati

escriure

crtati

dibuixar

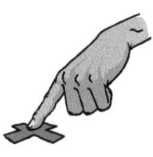

pokazati

mostrar

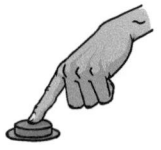

gurati

pitjar

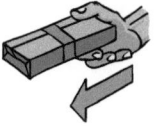

dati

donar

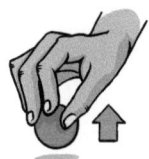

uzeti

prendre

imati

tenir

činiti

fer

biti

ésser

stojati

estar dret

trčati

córrer

povlačiti

estirar

baciti

llançar

padati

caure

ležati

jeure

čekati

esperar

nositi

portar

sjediti

asseure's

oblačiti

vestir-se

spavati

dormir

probuditi se

despertar-se

gledati

mirar

plakati

plorar

milovati

amoixar

češljati

pentinar

govoriti

parlar

razumjeti

comprendre

pitati

demanar

slušati

escoltar

piti

beure

jesti

menjar

pospremiti

endreçar

voljeti

estimar

kuhati

cuinar

voziti

conduir

letjeti

volar

ploviti

navegar

računati

calcular

čitati

llegir

učiti

aprendre

raditi

treballar

vjenčati se

casar-se

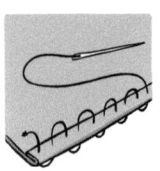

šiti

cosir

prati zube

raspallar-se les dents

ubiti

matar

pušiti

fumar

poslati

enviar

baka
àvia

djed
avi

otac
pare

beba
nadó

majka
mare

kćerka
filla

sin
fill

gost

convidat

tetka

tia

ujak, stric

oncle

brat

germà

sestra

germana

tijelo

cos

čelo
front
oko
ull
lice
cara
brada
barbeta
prst
dit
ruka
mà
grudi
pit
ruka
braç
rame
espatlla
noga
cama

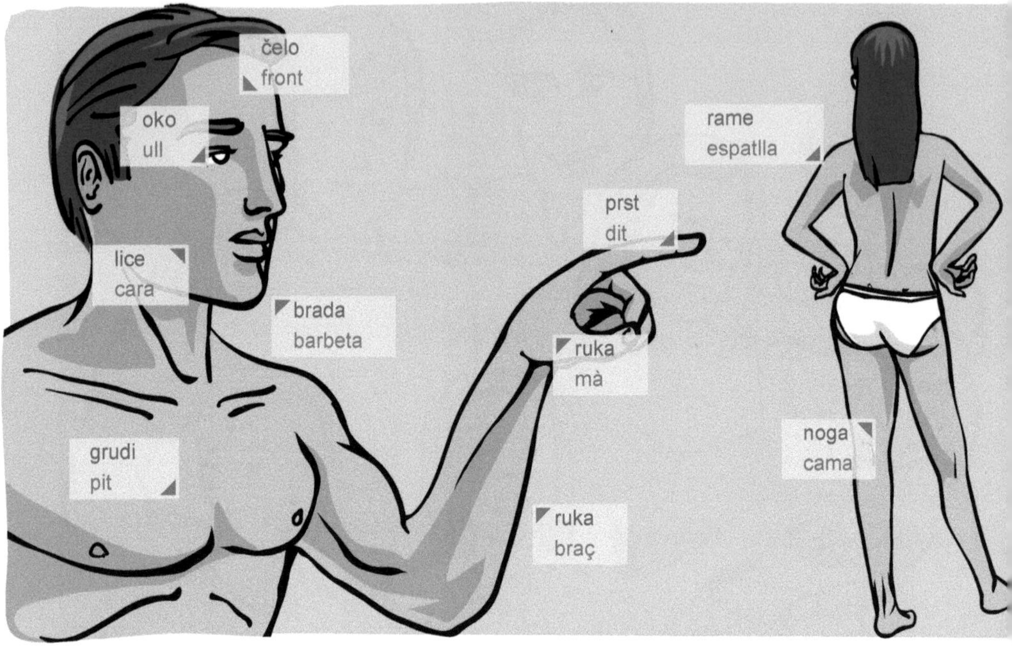

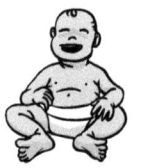

beba
nadó

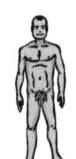

muškarac
home

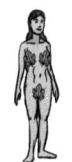

žena
dona

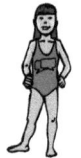

djevojčica
noia

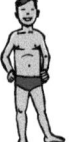

dječak
noi

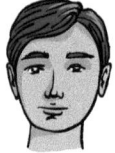

glava
cap

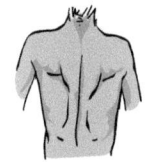

leđa

esquena

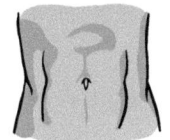

trbuh

panxa

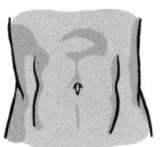

pupak

melic

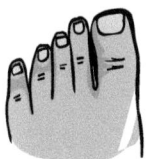

nožni prst

dit gros del peu

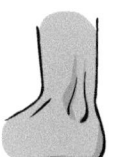

peta

taló

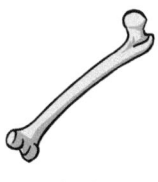

kost

os

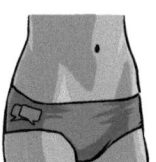

kuk

maluc

koljeno

genoll

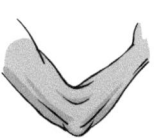

lakat

colze

nos

nas

stražnjica

cul

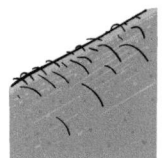

koža

pell

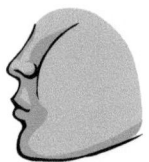

obraz

galta

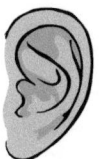

uho

orella

usna

llavi

usta
boca

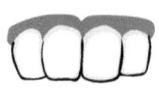

zub
dent

jezik
llengua

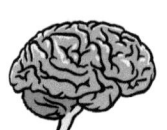

mozak
cervell

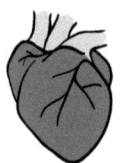

srce
cor

mišić
múscul

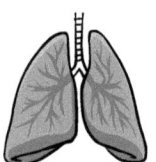

pluća
pulmó

jetra
fetge

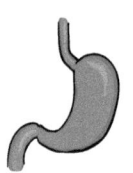

želudac
estómac

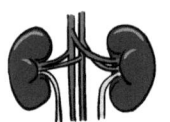

bubrezi
ronyó

snošaj
relació sexual

kondom
preservatiu

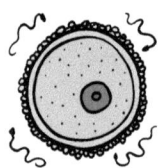

jajna stanica
ovari

sperma
semen

trudnoća
prenyat

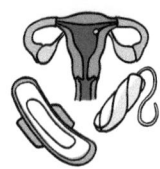

menstruacija
menstruació

vagina
vagina

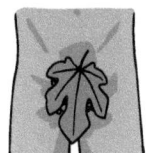

penis
penis

obrva
cella

kosa
cabells

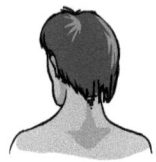

vrat
coll

bolnica
hospital

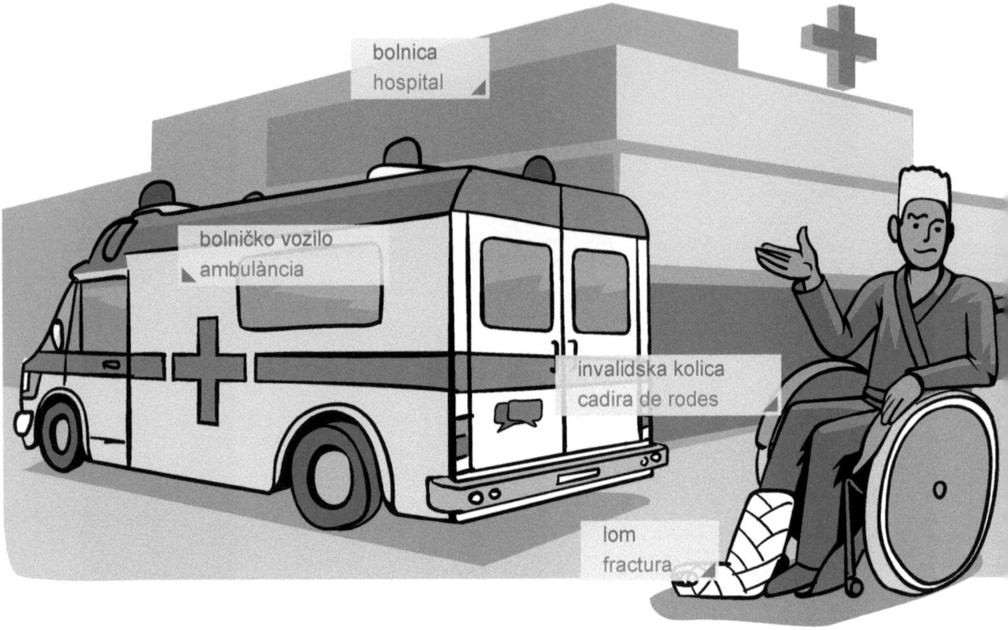

bolnica
hospital

bolničko vozilo
ambulància

invalidska kolica
cadira de rodes

lom
fractura

liječnik

doctora

hitna medicinska služba

sala d'urgències

medicinska sestra

infermera

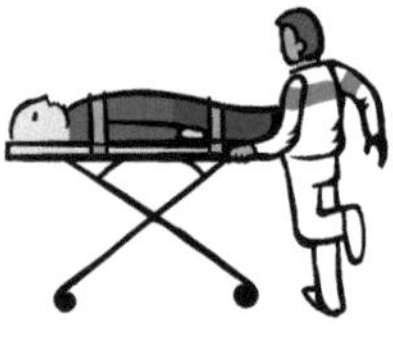

hitni slučaj

urgència

nesvijest

inconscient

bol

dolor

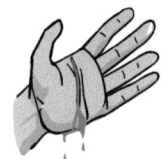

ozljeda

ferida

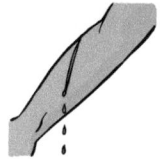

krvarenje

sagnament

srćani infarkt

atac de cor

moždani udar

apoplexia

alergija

al·lèrgia

kašalj

tos

groznica

febre

gripa

gripa

proljev

diarrea

glavobolja

mal de cap

rak

càncer

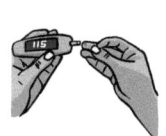

dijabetes

diabetis

kirurg

cirurgià

skalpel

escalpel

operacija

operació

ct

tomografia computada (TC),
TAC

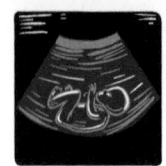

rentgen

raigs x

ultrazvuk

ultrasò

maska

mascareta

bolest

malaltia

čekaonica

sala d'espera

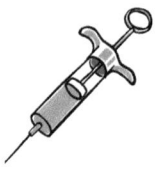

štaka

crossa

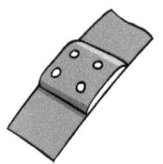

flaster

tireta

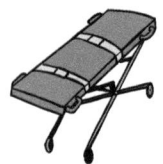

zavoj

embenat

injekcija

injecció

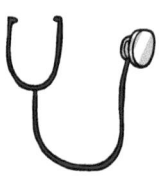

stetoskop

estetoscopi

nosilo

llitera

termometar

termòmetre clínic

rođenje

pariment

prekomjerna težina

sobrepès

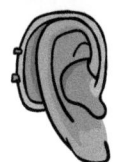

slušni aparat

aparell auditiu

sredstvo za dezinfekciju

desinfectant

infekcija

infecció

virus

virus

hiv / sida

VIH / SIDA

medicina

medicina

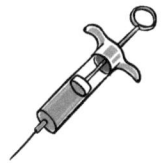

vakcinacija

vaccí

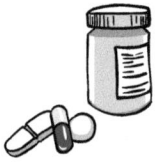

tablete

comprimits

pilula

píl·lola

poziv u pomoć

trucada d'urgència

uređaj za mjerenje tlaka

tensiòmetre

bolesno / zdravo

malalt / sà

pomoć!

Socors!

alarm

alarma

nasrtaj

assalt

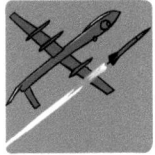

napad

atac

opasnost

perill

izlaz za nuždu

sortida-eixida d'urgència

požar!

Foc!

vatrogasni aparat

extintor

nezgoda

accident

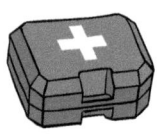

kofer prve pomoći

farmaciola de primers
auxilis

sos

SOS

policija

policia

Europa	sjeverna amerika	južna amerika
Europa	Amèrica del Nord	Amèrica del Sud

Afrika	Azija	Australija
Àfrica	Àsia	Austràlia

Atlantik	Pacifik	ocean
Atlàntic	Pacífic	Oceà Índic

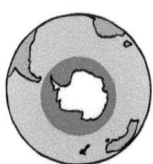

antarktički ocean	arktički ocean	sjeverni pol
Oceà Antàrtic	Oceà Àrtic	pol nord

južni pol
pol sud

Antarktik
Antàrtida

zemlja
terra

zemlja
país

more
mar

otok
illa

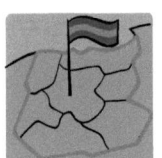

nacija
nació

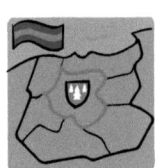

država
estat

brojčanik sata

quadrant

satna kazaljka

agulla de les hores

minutna kazaljka

agulla dels minuts

sekundna kazaljka

agulla dels segons

Koliko je sati?

Quina hora és?

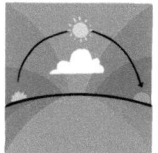

dan

dia

vrijeme

temps

sada

ara

digitalni sat

rellotge digital

minuta

minut

sat

hora

tjedan
setmana

ponedjeljak
dilluns

MO

TU

utorak
dimarts

srijeda
dimecres

W

TH

subota
dissabte

FR

petak
divendres

SA

SO

četvrtak
dijous

nedjelja
diumenge

jučer

ahir

danas

avui

sutra

demà

jutro

matí

podne

migdia

večer

tarda

radni dani

dia feiner

vikend

cap de setmana

kiša
▶ pluja

duga
▶ arc de Sant Martí

snijeg ▼
neu

vjetar ▼
vent

proljeće ▶
primavera

jesen ▼
tardor

ljeto ▼
estiu

zima ▼
hivern

4.APRIL	11°	☀
5.APRIL	4°	☁
6.APRIL	13°	☂
7.APRIL	8°	☀
8.APRIL	10°	☀

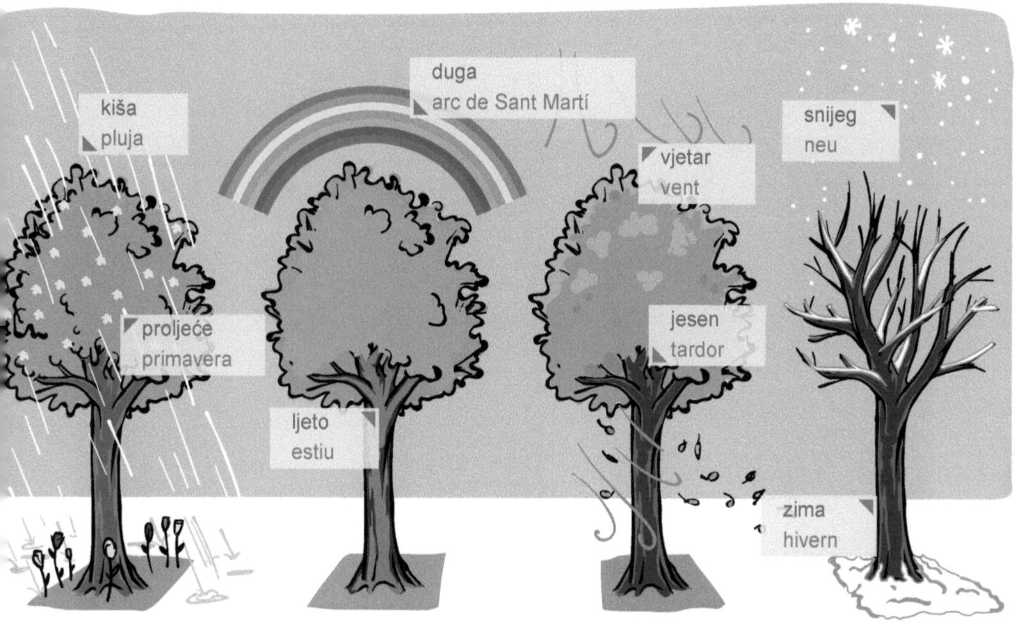

meteorološka prognoza

pronòstic del temps

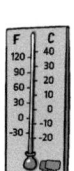

termometar

termòmetre

sunčana svjetlost

llum del sol

oblak

núvol

magla

boira

vlažnost zraka

humiditat de l'aire

munja

llamp

grmljavina

tro

oluja

tempesta

tuča

calamarsa

monsun

monsó

poplava

inundació

led

gel

siječanj

gener

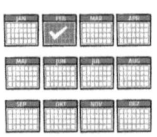

veljača

febrer

ožujak

març

travanj

abril

svibanj

maig

lipanj

juny

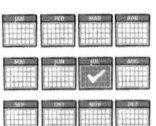

srpanj

juliol

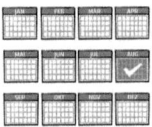

kolovoz

agost

godina - any

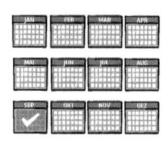

rujan

setembre

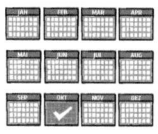

listopad

octubre

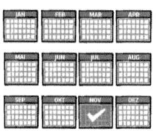

studeni

novembre

prosinac

desembre

oblici
formes

krug

cercle

kvadrat

quadrat

pravokutnik

rectangle

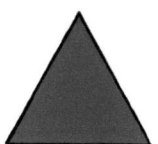

trokut

triangle

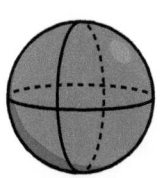

kugla

esfera

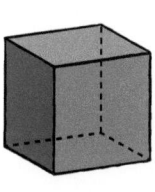

kocka

cub

bijela

blanc

žuta

groc

narančasta

taronja

ružičasta

rosa

crvena

vermell

ljubičasta

lila

plava

blau

zelena

verd

smeđa

marró

siva

gris

crna

negre

mnogo / malo
molt / poc

ljutito / mirno
emprenyat / tranquil

lijepo / ružno
bonic / lleig

početak / kraj
començament / fi

veliko / maleno
gran / petit

svijetlo / tamno
clar / fosc

brat / sestra
germà / germana

čisto / prljavo
net / brut

potpuno / nepotpuno
complet / incomplet

dan / noć
dia / nit

mrtvo / živo
mort / viu

široko / usko
ample / estret

jestivo / nejestivo

comestible / immenjable

zlo / dobro

dolent / amable

uzbuđeno / dosadno

entusiasmat / entediat

debelo / mršavo

gros / prim

na početku / na kraju

primer / darrer

prijatelj / neprijatelj

amic / enemic

puno / prazno

ple / buit

tvrdo / mekano

dur / tou

teško / lagano

pesant / lleuger

glad / žeđ

gana / set

bolesno / zdravo

malalt / sà

ilegalno / legalno

il·legal / legal

pametno / glupo

intel·ligent / ximple

lijevo / desno

esquerra / dreta

blizu / daleko

prop / llunyà

novo / rabljeno

nou / usat

ništa / nešto

res / quelcom

staro / mlado

vell / jove

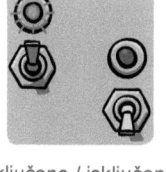

uključeno / isključeno

encès / apagat

otvoreno / zatvoreno

obert / tancat

tiho / glasno

silenciós / sorollós

bogato / siromašno

ric / pobre

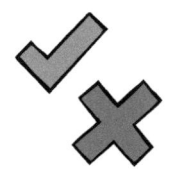

točno / pogrešno

correcte / incorrecte

hrapavo / glatko

aspre / suau

tužno / sretno

trist / content

kratko / dugo

curt / llarg

polako / brzo

lent / ràpid

mokro / suho

humit / sec - eixut

toplo / hladno

calent / fred

rat / mir

guerra / pau

0

nula

zero

1

jedan

u

2

dva

dos

3

tri

tres

4

četiri

quatre

5

pet

cinc

6

šest

sis

7

sedam

set

8

osam

vuit

9

devet

nou

10

deset

deu

11

jedanaest

onze

12	**13**	**14**
dvanaest	trinaest	četrnaest
dotze	tretze	catorze

15	**16**	**17**
petnaest	šestnaest	sedamnaest
quinze	setze	disset

18	**19**	**20**
osamnaest	devetnaest	dvadeset
divuit	dinou	vint

100	**1.000**	**1.000.000**
stotinu	tisuću	milijun
cent	mil	milió

engleski

anglès

američko engleski

anglès americà

kinesko mandarinski

xinès mandarí

hindi

hindi

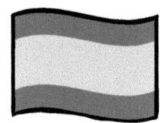

španjolski

espanyol

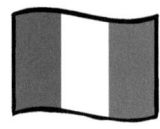

francuski

francès

arapski

àrab

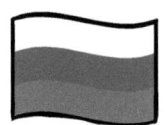

ruski

rus

portugalski

portuguès

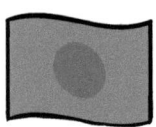

bengalski

bengalí

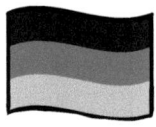

njemački

alemany

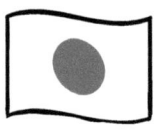

japanski

japonès

ja
jo

ti
tu

on / ona / ono
ell / ella / allò

mi
nosaltres

vi
vosaltres

oni
ells

tko?
qui?

što?
què?

kako?
com?

gdje?
on?

kada?
quan?

ime
nom

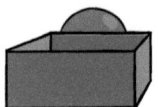

iza

darrere

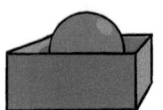

u

en

ispred

davant de

preko

damunt

na

sobre

ispod

sota

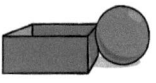

pored

al costat

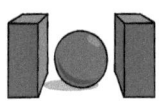

između

entre

mjesto

lloc